Dieses Buch gehört

30 TAGE

ZEICHNEN 6
MEDITATION 7
NICHT JAMMERN 8
SCHLANKE HÜFTE 9
MEHR SCHLAFEN 10
TAGEBUCH FÜHREN 11
SPARSAM LEBEN 12
YOGA 13
KOCHEN 14
10 VOKABELN 15
MINIMALISMUS 16
TREPPEN LAUFEN 17
KEIN HANDY IM SCHLAFZIMMER 18
MEHR OBST 19
FOTOGRAFIEREN 20
FETT VERBRENNEN 21
DANKBARKEIT 22
TEE TRINKEN 23
ERNÄHRUNGSTAGEBUCH FÜHREN 24
ENERGIE SPAREN 25
FULL BODY WORKOUT 26
Bett machen 27
MEHR LAUFEN 28
20 MIN FRÜHER AUFSTEHEN 29
TANZEN 30

30 TAGE

NEUES INSTRUMENT ÜBEN	31
BURPEES	32
NICHTS KAUFEN	33
BESSERES ZEITMANAGEMENT	34
FREMDEN HELFEN	35
STRETCHEN	36
JEDEN TAG EIN BILD	37
GESUNDHEIT	38
MIT BARGELD BEZAHLEN	39
KEIN ZUCKER	40
SEILSPRINGEN	41
ALKOHOLFREI	42
HAPPINESS	43
POWERNAP	44
PLANK	45
POSITIV DENKEN	46
GELD SPENDEN	47
NEUE INTERNETSEITE BESUCHEN	48
OHNE KOFFEIN	49
MIT DEM RAD ZUR ARBEIT	50
GEGENSTÄNDE VERKAUFEN	51
KNIEBEUGEN	52
FRÜHAUFSTEHER	53
LESEN	54
MEHR GEMÜSE	55

30 TAGE

LESEN VOR DEM EINSCHLAFEN 56
ESSEN VORKOCHEN 57
CHALLENGES KOMBINIEREN 58
LIEGESTÜTZE 59
MEHR WASSER TRINKEN 60
KEIN AUTO 61
KURZBIOGRAFIE 62
ENTGIFTEN 63
WOHNUNG AUFRÄUMEN 64
7 MINUTEN TRAINING 65
TRAUMTAGEBUCH 66
HÖRBÜCHER 67
HANDCREME VERWENDEN 68
HAMPELMANN 69
GESUNDES ESSEN 70
KEIN FERNSEHER 71
SPRECHEN TRAINIEREN 72
ZIELE SETZEN 73
100 EURO SPAREN 74
BUCH SCHREIBEN 75
NICHT LÜGEN 76
OHNE NACHRICHTEN 77
HAUSHALTSBUCH FÜHREN 78
NEUE LEBENSMITTEL TESTEN 79
KEIN SNOOZE 80

30 TAGE

OBERKÖRPER 81
VEGAN ERNÄHREN 82
KALT DUSCHEN 83
NEUES OUTFIT 84
BAUCHMUSKELN 85
BETEN 86
SONNENUNTERGANG 87
ETWAS BASTELN 88
ETWAS SELBSTLOSES TUN 89
ARME TRAINIEREN 90
SOMMERFIGUR 91
DIE HEIMAT ERKUNDEN 92
DOKUMENTATIONEN ANSCHAUEN 93
10000 SCHRITTE 94
SOCIAL MEDIA PAUSE 95
ETWAS MACHEN WOVOR MAN ANGST HAT 96
BAUCH BEINE PO 97
GEHIRNTRAINING 98
NICHTRAUCHER 99
ZEIT FÜR FRÜHSTÜCK NEHMEN 100
JEDEN TAG EIN APFEL 101
NEUES HOBBY 102
RÜCKENTRAINING 103
LEBEN ALS WÄREN ES DIE LETZTEN 30 TAGE 104

30 TAGE

ZEICHNEN

Zeichnen Sie die nächsten 30 Tage jeden Tag ein Bild. Sie entscheiden selbst wie komplex Ihr Kunstwerk werden soll. Der Kreativität sind keine Grenzen gesetzt.

1	2	3	4	5
6	7	8	9	10
11	12	13	14	15
16	17	18	19	20
21	22	23	24	25
26	27	28	29	30

30 TAGE

MEDITATION

Meditieren Sie die nächsten 30 Tage jeden Tag. Den Alltag hinter sich zu lassen & sich einfach nur auf den Körper, den Geist und die Seele konzentrieren reduziert Ihren Stress. TIPP: Installieren Sie zur Unterstützung eine Meditations-App.

1	2	3	4	5
6	7	8	9	10
11	12	13	14	15
16	17	18	19	20
21	22	23	24	25
26	27	28	29	30

30 TAGE

NICHT JAMMERN

Die nächsten 30 Tage ist jammern und klagen verboten, denn es wird nichts ändern. Verschwenden Sie nicht Ihre Energie mit jammern. Nutzen Sie Ihre Energie lieber um nach Lösungen zu suchen. TIPP: Meiden Sie Jammerlappen.

1	2	3	4	5
6	7	8	9	10
11	12	13	14	15
16	17	18	19	20
21	22	23	24	25
26	27	28	29	30

30 TAGE

SCHLANKE HÜFTE

Dies ist die erste 30-Tages-Fitness-Challenge! Die nächsten 30 Tage werden Sie sportlich Aktiv & konzentrieren sich dabei auf Ihre Hüfte.

Folgende Übungen eignen sich um an einer schlanken Hüfte zu arbeiten: Seitbeuger, Crunch, Seitstütz, Käfer, Unterarmstütz, Klappmesser, Russian Twist, Mountain Climbers, Bicycle Crunch,...
Die ersten 10 Tage jede Übung 30 Sekunden mit 15 Sekunden Pause, Tag 11 - 20 erhöhen Sie auf 45 Sek. und 20 Sek. Pause. Die letzten Tage auf bis zu 60 Sek. pro Übung erhöhen.

1	2	3	4	5
6	7	8	9	10
11	12	13	14	15
16	17	18	19	20
21	22	23	24	25
26	27	28	29	30

30 TAGE

MEHR SCHLAFEN

Versuchen Sie in den nächsten 30 Nächten 7 - 9 Stunden zu schlafen. Verzichten Sie zusätzlich auf elektrische Geräte vor dem Schlafen.

1	2	3	4	5
6	7	8	9	10
11	12	13	14	15
16	17	18	19	20
21	22	23	24	25
26	27	28	29	30

30 TAGE..

TAGEBUCH FÜHREN

Führen Sie in den folgenden 30 Tagen ein Tagebuch. In ein Tagebuch zu schreiben ist wichtig für die Persönlichkeitsentwicklung und befreit von Stress. Gedanken freien Lauf lassen und Inspirationen festhalten ist jetzt angesagt.

1	2	3	4	5
6	7	8	9	10
11	12	13	14	15
16	17	18	19	20
21	22	23	24	25
26	27	28	29	30

30 TAGE
SPARSAM LEBEN

Überdenken Sie Ihr Konsumverhalten in den nächsten 30 Tagen. Strom, Wasser und Energie sparen lassen sich einfach in den Alltag integrieren.

1	2	3	4	5
6	7	8	9	10
11	12	13	14	15
16	17	18	19	20
21	22	23	24	25
26	27	28	29	30

30 TAGE
YOGA

In den nächsten 30 Tagen beschäftigen Sie sich mit Yoga. Tasten Sie sich langsam an einfache Übungen heran & besuchen am besten einen Kurs mit Lehrer.

1	2	3	4	5
6	7	8	9	10
11	12	13	14	15
16	17	18	19	20
21	22	23	24	25
26	27	28	29	30

30 TAGE
KOCHEN

30 Tage um den Kochlöffel zu schwingen warten auf Sie. Kochen Sie low carb, low fat, vegan, vegetarisch oder einfach Pizza - jetzt ist alles erlaubt.

1	2	3	4	5
6	7	8	9	10
11	12	13	14	15
16	17	18	19	20
21	22	23	24	25
26	27	28	29	30

30 TAGE

10 VOKABELN

Möchten Sie erste Wörter einer neuen Sprache lernen? In den nächsten 30 Tagen lernen Sie 10 neue Wörter pro Tag.

1	2	3	4	5
6	7	8	9	10
11	12	13	14	15
16	17	18	19	20
21	22	23	24	25
26	27	28	29	30

30 TAGE
MINIMALISMUS

Oft behalten wir Dinge die wir nicht mehr brauchen. Gegenstände, die 1 Jahr nicht gebraucht wurden fliegen raus. Brauchen Sie alle Gewürze im Gewürzschrank? Reduzieren Sie Gegenstände auf ein Minimum in den nächsten 30 Tagen.

1	2	3	4	5
6	7	8	9	10
11	12	13	14	15
16	17	18	19	20
21	22	23	24	25
26	27	28	29	30

30 TAGE

TREPPEN LAUFEN

DER AUFZUG IST IN DEN FOLGENDEN 30 TAGEN TABU. VERSCHWENDEN SIE NICHT ZEIT MIT WARTEN AUF DEN LIFT. TREPPEN LAUFEN VERBRENNT HEIMLICH KALORIEN!

1	2	3	4	5
6	7	8	9	10
11	12	13	14	15
16	17	18	19	20
21	22	23	24	25
26	27	28	29	30

30 TAGE

KEIN HANDY IM SCHLAFZIMMER

Verbannen Sie das Handy und andere elektronische Geräte aus dem Schlafzimmer für die nächsten 30 Tage.

1	2	3	4	5
6	7	8	9	10
11	12	13	14	15
16	17	18	19	20
21	22	23	24	25
26	27	28	29	30

30 TAGE

MEHR OBST

Egal ob Äpfel, Bananen, Trauben, Pfirsiche oder Erdbeeren - Die nächsten 30 Tage versuchen Sie jeden Tag Obst zu essen.

1	2	3	4	5
6	7	8	9	10
11	12	13	14	15
16	17	18	19	20
21	22	23	24	25
26	27	28	29	30

30 TAGE

FOTOGRAFIEREN

DIE NÄCHSTEN 30 TAGE FOTOGRAFIEREN SIE JEDEN TAG. GEHEN SIE IN DIE NATUR UND FOTOGRAFIEREN SIE DEN WALD, TIERE UND DEN SONNENUNTERGANG. DER KREATIVITÄT SIND KEINE GRENZEN GESETZT.

1	2	3	4	5
6	7	8	9	10
11	12	13	14	15
16	17	18	19	20
21	22	23	24	25
26	27	28	29	30

30 TAGE

FETT VERBRENNEN

Sie möchten nicht länger unschönes Fett mich sich tragen? Sagen Sie unnötigen Kilos den Kampf an & trainieren Sie die nächsten 30 Tage hart.

1	2	3	4	5
6	7	8	9	10
11	12	13	14	15
16	17	18	19	20
21	22	23	24	25
26	27	28	29	30

30 TAGE

DANKBARKEIT

Dankbarkeit führt zu besserer Lebensqualität. Beschäftigen Sie sich die nächsten 30 Tage mit dem Thema Dankbarkeit. Für was sind Sie dankbar? Auf was freuen Sie sich besonders?

1	2	3	4	5
6	7	8	9	10
11	12	13	14	15
16	17	18	19	20
21	22	23	24	25
26	27	28	29	30

30 TAGE

TEE TRINKEN

Trinken Sie die nächsten 30 Tage jeden Tag eine Tasse Tee.

1	2	3	4	5
6	7	8	9	10
11	12	13	14	15
16	17	18	19	20
21	22	23	24	25
26	27	28	29	30

30 TAGE
ERNÄHRUNGSTAGEBUCH FÜHREN

FÜHREN SIE IN DEN NÄCHSTEN 30 TAGEN EIN ERNÄHRUNGSTAGEBUCH.

1	2	3	4	5
6	7	8	9	10
11	12	13	14	15
16	17	18	19	20
21	22	23	24	25
26	27	28	29	30

30 TAGE

ENERGIE SPAREN

Muss das Licht wirklich noch an sein? Ist die Spülmaschine schon voll? Läuft das Wasser beim Zähneputzen? Hinterlassen Sie einen grünen Fußabdruck in den nächsten 30 Tagen. TIPP: Die 30 Tage lassen sich sehr einfach verlängern!

1	2	3	4	5
6	7	8	9	10
11	12	13	14	15
16	17	18	19	20
21	22	23	24	25
26	27	28	29	30

30 TAGE

FULL BODY WORKOUT

Trainieren Sie die nächsten 30 Tagen Ihren ganzen Körper!

1	2	3	4	5
6	7	8	9	10
11	12	13	14	15
16	17	18	19	20
21	22	23	24	25
26	27	28	29	30

30 TAGE

Bett machen

Treffen Sie eine der ersten Entscheidungen am Tag & machen Sie das Bett ordentlich. Das wird den Rest des Tages positiv beeinflussen.

1	2	3	4	5
6	7	8	9	10
11	12	13	14	15
16	17	18	19	20
21	22	23	24	25
26	27	28	29	30

30 TAGE

MEHR LAUFEN

Lassen Sie in den nächsten 30 Tagen bei jeder Gelegenheit Ihr Auto stehen und laufen Sie.

1	2	3	4	5
6	7	8	9	10
11	12	13	14	15
16	17	18	19	20
21	22	23	24	25
26	27	28	29	30

30 TAGE

20 MIN FRÜHER AUFSTEHEN

Genießen Sie die Ruhe am Morgen & starten Sie in den nächsten 30 Tagen 20 Minuten früher in den Tag.

1	2	3	4	5
6	7	8	9	10
11	12	13	14	15
16	17	18	19	20
21	22	23	24	25
26	27	28	29	30

30 TAGE

TANZEN

Legen Sie den besten Song auf & tanzen Sie als würde Sie keiner sehen.

1	2	3	4	5
6	7	8	9	10
11	12	13	14	15
16	17	18	19	20
21	22	23	24	25
26	27	28	29	30

30 TAGE

NEUES INSTRUMENT ÜBEN

Suchen Sie sich ein Instrument aus &
spielen Sie es die nächsten 30 Tage täglich.
TIPP: Musiklehrer helfen Ihnen enorm.

1	2	3	4	5
6	7	8	9	10
11	12	13	14	15
16	17	18	19	20
21	22	23	24	25
26	27	28	29	30

30 TAGE

BURPEES

Sie können körperlich Aktiv werden in den nächsten 30 Tagen. Burpees trainieren den ganzen Körper und gehören zu den besten Übungen ohne Geräte. Führen Sie in den ersten 10 Tagen täglich 30 Burpees durch. Bis zum 21. Tag führen Sie 35 Burpees & vom 21. bis zum 30. Tag 40 Wiederholungen durch.

1	2	3	4	5
6	7	8	9	10
11	12	13	14	15
16	17	18	19	20
21	22	23	24	25
26	27	28	29	30

30 TAGE

NICHTS KAUFEN

Versuchen Sie die nächsten 30 Tage
Ihren Konsum zu minimieren.

1	2	3	4	5
6	7	8	9	10
11	12	13	14	15
16	17	18	19	20
21	22	23	24	25
26	27	28	29	30

30 TAGE
BESSERES ZEITMANAGEMENT

Einfaches Zeitmanagement beginnt damit, Prioritäten zu setzen und Aufgaben zu bündeln. Setzen Sie sich die nächsten 30 Tage mit dem Thema Zeitmanagement auseinander.

1	2	3	4	5
6	7	8	9	10
11	12	13	14	15
16	17	18	19	20
21	22	23	24	25
26	27	28	29	30

30 TAGE

FREMDEN HELFEN

Helfen Sie in den nächsten 30 Tagen
Fremden so oft Sie können.

1	2	3	4	5
6	7	8	9	10
11	12	13	14	15
16	17	18	19	20
21	22	23	24	25
26	27	28	29	30

30 TAGE

STRETCHEN

DEHNEN & STRETCHEN SIE SICH IN DEN 30 TAGEN
15 MINUTEN PRO TAG.

1	2	3	4	5
6	7	8	9	10
11	12	13	14	15
16	17	18	19	20
21	22	23	24	25
26	27	28	29	30

30 TAGE

JEDEN TAG EIN BILD

Machen Sie jeden Tag ein Selfie von sich und beobachten Sie Veränderungen an sich.

1	2	3	4	5
6	7	8	9	10
11	12	13	14	15
16	17	18	19	20
21	22	23	24	25
26	27	28	29	30

30 TAGE
GESUNDHEIT

Hören Sie auf Ihren Körper in den nächsten 30 Tagen. Gehen Sie in die Therme, Sauna oder zur Massage. Essen Sie Obst und Gemüse. Gehen Sie gemütlich spazieren. Schlafen Sie genug.

1	2	3	4	5
6	7	8	9	10
11	12	13	14	15
16	17	18	19	20
21	22	23	24	25
26	27	28	29	30

30 TAGE

MIT BARGELD BEZAHLEN

IN DIESEM MONAT BEZAHLEN SIE ALLES MIT BARGELD.

1	2	3	4	5
6	7	8	9	10
11	12	13	14	15
16	17	18	19	20
21	22	23	24	25
26	27	28	29	30

30 TAGE
KEIN ZUCKER

Reduzieren Sie Zuckerkonsum in den folgenden 30 Tagen.

1	2	3	4	5
6	7	8	9	10
11	12	13	14	15
16	17	18	19	20
21	22	23	24	25
26	27	28	29	30

30 TAGE

SEILSPRINGEN

Probieren Sie in den nächsten 30 Tagen Seil zu springen. Steigern Sie sich in den folgenden 30 Tagen auf bis zu 30 Minuten Seilspringen.

1	2	3	4	5
6	7	8	9	10
11	12	13	14	15
16	17	18	19	20
21	22	23	24	25
26	27	28	29	30

30 TAGE

ALKOHOLFREI

Trinken Sie in den nächsten 30 Tagen keinen Tropfen Alkohol.

1	2	3	4	5
6	7	8	9	10
11	12	13	14	15
16	17	18	19	20
21	22	23	24	25
26	27	28	29	30

30 TAGE

HAPPINESS

Einen lustigen Film anschauen, Tanzen wie verrückt, einen Song laut mitsingen und in einem See baden sind nur wenige Dinge, die Sie in den nächsten 30 Tagen glücklich machen können.

1	2	3	4	5
6	7	8	9	10
11	12	13	14	15
16	17	18	19	20
21	22	23	24	25
26	27	28	29	30

30 TAGE

POWERNAP

Machen Sie in den nächsten 30 Tagen jeden Tag einen Powernap.

1	2	3	4	5
6	7	8	9	10
11	12	13	14	15
16	17	18	19	20
21	22	23	24	25
26	27	28	29	30

30 TAGE
PLANK

Der Unterarmstütz ist eine effektive Übung um die Körpermitte zu stärken. Steigern Sie Ihre maximale Zeit beim Planken auf bis zu 5 Minuten. TIPP: Pausen sind natürlich erlaubt.

1	2	3	4	5
6	7	8	9	10
11	12	13	14	15
16	17	18	19	20
21	22	23	24	25
26	27	28	29	30

30 TAGE

POSITIV DENKEN

Beschäftigen Sie sich in den nächsten 30 Tagen mit dem Thema positives Denken. Werden Sie Optimist in diesem Monat.

1	2	3	4	5
6	7	8	9	10
11	12	13	14	15
16	17	18	19	20
21	22	23	24	25
26	27	28	29	30

30 TAGE

GELD SPENDEN

Spenden Sie einen kleinen Betrag in den nächsten 30 Tagen.

1	2	3	4	5
6	7	8	9	10
11	12	13	14	15
16	17	18	19	20
21	22	23	24	25
26	27	28	29	30

30 TAGE

NEUE INTERNETSEITE BESUCHEN

BESUCHEN SIE TÄGLICH EINE NEUE INTERNETSEITE IN DEN NÄCHSTEN 30 TAGEN.

1	2	3	4	5
6	7	8	9	10
11	12	13	14	15
16	17	18	19	20
21	22	23	24	25
26	27	28	29	30

30 TAGE
OHNE KOFFEIN

Verzichten Sie auf Koffein nach 14 Uhr.

1	2	3	4	5
6	7	8	9	10
11	12	13	14	15
16	17	18	19	20
21	22	23	24	25
26	27	28	29	30

30 TAGE
MIT DEM RAD ZUR ARBEIT

Fahren Sie in den nächsten 30 Tagen mit dem Fahrrad zur Arbeitsstelle.

1	2	3	4	5
6	7	8	9	10
11	12	13	14	15
16	17	18	19	20
21	22	23	24	25
26	27	28	29	30

30 TAGE

GEGENSTÄNDE VERKAUFEN

Befreien Sie sich in den nächsten 30 Tagen von nicht mehr gebrauchten Gegenständen und gönnen Sie sich vom Erlös etwas.

1	2	3	4	5
6	7	8	9	10
11	12	13	14	15
16	17	18	19	20
21	22	23	24	25
26	27	28	29	30

30 TAGE

KNIEBEUGEN

Führen Sie in den nächsten 30 Tagen eine Squat Challenge durch.

1	2	3	4	5
6	7	8	9	10
11	12	13	14	15
16	17	18	19	20
21	22	23	24	25
26	27	28	29	30

30 TAGE

FRÜHAUFSTEHER

Geniessen Sie in den nächsten 30 Tagen das Leben als Frühaufsteher. Geben Sie sich extra Zeit zum Frühstücken.

1	2	3	4	5
6	7	8	9	10
11	12	13	14	15
16	17	18	19	20
21	22	23	24	25
26	27	28	29	30

30 TAGE
LESEN

LESEN SIE 3 BÜCHER IN DER NÄCHSTEN 30 TAGEN. 1 BUCH IN 10 TAGEN.

1	2	3	4	5
6	7	8	9	10
11	12	13	14	15
16	17	18	19	20
21	22	23	24	25
26	27	28	29	30

30 TAGE

MEHR GEMÜSE

Essen Sie mehr Gemüse in den nächsten 30 Tagen. Achten Sie beim Einkaufen auf einen bunten Mix an verschiedenen Gemüsesorten.

1	2	3	4	5
6	7	8	9	10
11	12	13	14	15
16	17	18	19	20
21	22	23	24	25
26	27	28	29	30

30 TAGE

LESEN VOR DEM EINSCHLAFEN

Schalten Sie alle elektrischen Geräte vor dem Schlafen aus & greifen Sie sich ein Buch oder eine Zeitschrift vor dem Einschlafen.

1	2	3	4	5
6	7	8	9	10
11	12	13	14	15
16	17	18	19	20
21	22	23	24	25
26	27	28	29	30

30 TAGE

ESSEN VORKOCHEN

Sparen Sie sich Zeit und Geld in den nächsten 30 Tagen, indem Sie Essen vorkochen.

1	2	3	4	5
6	7	8	9	10
11	12	13	14	15
16	17	18	19	20
21	22	23	24	25
26	27	28	29	30

30 TAGE

CHALLENGES KOMBINIEREN

Viele der 30 Tages Challenges lassen sich perfekt kombinieren. Versuchen Sie mehrere Challenges gleichzeitig zu meistern.

1	2	3	4	5
6	7	8	9	10
11	12	13	14	15
16	17	18	19	20
21	22	23	24	25
26	27	28	29	30

30 TAGE

LIEGESTÜTZE

In den nächsten 30 Tagen werden Sie viele Liegestütze machen. Probieren Sie 30% mehr Liegestütze an Tag 30 zu schaffen.

1	2	3	4	5
6	7	8	9	10
11	12	13	14	15
16	17	18	19	20
21	22	23	24	25
26	27	28	29	30

30 TAGE

MEHR WASSER TRINKEN

Lassen Sie Kaffee und Softdrinks links liegen. Die Wasserflasche wird Ihr treuer Begleiter in den nächsten 30 Tagen. Probieren Sie 30 - 40 ml Wasser pro Kg Körpergewicht zu trinken.

1	2	3	4	5
6	7	8	9	10
11	12	13	14	15
16	17	18	19	20
21	22	23	24	25
26	27	28	29	30

30 TAGE

KEIN AUTO

Versuchen Sie in den nächsten 30 Tagen auf Ihr Auto zu verzichten. Fahren Sie mit dem Fahrrad, der Bahn oder gehen Sie zu Fuß.

1	2	3	4	5
6	7	8	9	10
11	12	13	14	15
16	17	18	19	20
21	22	23	24	25
26	27	28	29	30

30 TAGE

KURZBIOGRAFIE

Schreiben Sie in den nächsten 30 Tagen Ihre persönliche Kurzbiografie. Beginnen Sie mit kurzen Stichpunkten & arbeiten Sie diese später genauer aus.

1	2	3	4	5
6	7	8	9	10
11	12	13	14	15
16	17	18	19	20
21	22	23	24	25
26	27	28	29	30

30 TAGE

ENTGIFTEN

Entgiften Sie in den nächsten 30 Tagen Ihren Körper. Probieren Sie eine Fasten-Kur, essen Sie gesunde Lebensmittel, verzichten Sie auf Fertigprodukte oder trinken Sie Detox Tees.

1	2	3	4	5
6	7	8	9	10
11	12	13	14	15
16	17	18	19	20
21	22	23	24	25
26	27	28	29	30

30 TAGE

WOHNUNG AUFRÄUMEN

Sie werden Ihre Wohnung nach den nächsten 30 Tagen nicht mehr wiedererkennen. Nehmen Sie sich Zimmer für Zimmer vor. Vergessen Sie nicht Küchengeräte wie den Kühlschrank oder Lagerfächer und Besteckkästen. Beseitigen Sie Kabelsalat im Wohnzimmer & bringen Sie das Bad auf Hochglanz.

1	2	3	4	5
6	7	8	9	10
11	12	13	14	15
16	17	18	19	20
21	22	23	24	25
26	27	28	29	30

30 TAGE

7 MINUTEN TRAINING

Trainieren Sie in den nächsten 30 Tagen täglich 7 Minuten.

1	2	3	4	5
6	7	8	9	10
11	12	13	14	15
16	17	18	19	20
21	22	23	24	25
26	27	28	29	30

30 TAGE

TRAUM TAGEBUCH

Schreiben Sie Träume in den nächsten 30 Tagen in ein Tagebuch.

1	2	3	4	5
6	7	8	9	10
11	12	13	14	15
16	17	18	19	20
21	22	23	24	25
26	27	28	29	30

30 TAGE

HÖRBÜCHER

Hören Sie in den nächsten 30 Tagen

3 Hörbücher.

1	2	3	4	5
6	7	8	9	10
11	12	13	14	15
16	17	18	19	20
21	22	23	24	25
26	27	28	29	30

30 TAGE

HANDCREME VERWENDEN

Cremen Sie sich Ihre Hände in den nächsten 30 Tagen mindestens einmal pro Tag ein.

1	2	3	4	5
6	7	8	9	10
11	12	13	14	15
16	17	18	19	20
21	22	23	24	25
26	27	28	29	30

30 TAGE

HAMPELMANN

Machen Sie in den nächsten 30 Tagen jeden Tag mindestens 3 Minuten Hampelmänner.

1	2	3	4	5
6	7	8	9	10
11	12	13	14	15
16	17	18	19	20
21	22	23	24	25
26	27	28	29	30

30 TAGE

GESUNDES ESSEN

Kochen Sie sich in den nächsten 30 Tagen gesundes Essen. Achten Sie bei Restaurant besuchen auf ein gesundes Menü.

1	2	3	4	5
6	7	8	9	10
11	12	13	14	15
16	17	18	19	20
21	22	23	24	25
26	27	28	29	30

30 TAGE

KEIN FERNSEHER

Verzichten Sie in den nächsten 30 Tagen auf den Fernsehapparat. Genießen Sie stattdessen die Natur oder lesen Sie ein Buch, besuchen Sie Freunde oder probieren eine neue Sportart aus.

1	2	3	4	5
6	7	8	9	10
11	12	13	14	15
16	17	18	19	20
21	22	23	24	25
26	27	28	29	30

30 TAGE

SPRECHEN TRAINIEREN

Versuchen Sie in den nächsten 30 Tagen an Ihrer Ausdrucksweise zu arbeiten. Lesen Sie ein Buch über Rhetorik oder schauen Sie Videos im Internet darüber.

1	2	3	4	5
6	7	8	9	10
11	12	13	14	15
16	17	18	19	20
21	22	23	24	25
26	27	28	29	30

30 TAGE

ZIELE SETZEN

Setzen Sie sich in den nächsten 30 Tagen Ziele. Was möchten Sie bis zum Jahresende erreichen? Wo sehen Sie sich in 3 Jahren? Was machen Sie in 10 Jahren?

1	2	3	4	5
6	7	8	9	10
11	12	13	14	15
16	17	18	19	20
21	22	23	24	25
26	27	28	29	30

30 TAGE

100 EURO SPAREN

Versuchen Sie in den nächsten 30 Tagen mindestens 100 Euro zu sparen.

1	2	3	4	5
6	7	8	9	10
11	12	13	14	15
16	17	18	19	20
21	22	23	24	25
26	27	28	29	30

30 TAGE

BUCH SCHREIBEN

Versuchen Sie in den nächsten 30 Tagen ein Fundament für Ihr erstes Buch zu legen. Schreiben Sie sich Stichpunkte auf & formulieren diese später weiter aus.

1	2	3	4	5
6	7	8	9	10
11	12	13	14	15
16	17	18	19	20
21	22	23	24	25
26	27	28	29	30

30 TAGE NICHT LÜGEN

Versuchen Sie in den nächsten 30 Tagen nicht zu lügen!

1	2	3	4	5
6	7	8	9	10
11	12	13	14	15
16	17	18	19	20
21	22	23	24	25
26	27	28	29	30

30 TAGE

OHNE NACHRICHTEN

Lassen Sie sich in den nächsten 30 Tagen nicht von Nachrichten beeinflussen. Verzichten Sie auf Nachrichten in den nächsten 30 Tagen.

1	2	3	4	5
6	7	8	9	10
11	12	13	14	15
16	17	18	19	20
21	22	23	24	25
26	27	28	29	30

30 TAGE

HAUSHALTSBUCH FÜHREN

Schreiben Sie in den nächsten 30 Tagen alle Ausgaben & Einnahmen in ein Haushaltsbuch.

1	2	3	4	5
6	7	8	9	10
11	12	13	14	15
16	17	18	19	20
21	22	23	24	25
26	27	28	29	30

30 TAGE

NEUE LEBENSMITTEL TESTEN

Wollten Sie schon immer einmal Tofu oder andere außergewöhnliche Lebensmittel probieren? In den nächsten 30 Tagen werden Sie 30 neue Lebensmittel testen.

1	2	3	4	5
6	7	8	9	10
11	12	13	14	15
16	17	18	19	20
21	22	23	24	25
26	27	28	29	30

30 TAGE

KEIN SNOOZE

Treffen Sie die erste positive Entscheidung am Tag und drücken Sie die Schlummer- Funktion weg.

1	2	3	4	5
6	7	8	9	10
11	12	13	14	15
16	17	18	19	20
21	22	23	24	25
26	27	28	29	30

30 TAGE

OBERKÖRPER

Trainieren Sie in den nächsten 30 Tagen gezielt Ihren Oberkörper. Gute Übungen für den Oberkörper sind Liegestütze, Sit-Ups, Klimmzüge und Dips.

1	2	3	4	5
6	7	8	9	10
11	12	13	14	15
16	17	18	19	20
21	22	23	24	25
26	27	28	29	30

30 TAGE

VEGAN ERNÄHREN

Ernähren Sie sich in den nächsten 30 Tagen vegan.

1	2	3	4	5
6	7	8	9	10
11	12	13	14	15
16	17	18	19	20
21	22	23	24	25
26	27	28	29	30

30 TAGE

KALT DUSCHEN

DUSCHEN SIE IN DEN NÄCHSTEN 30 TAGEN KALT. DAS BRINGT IHRE DURCHBLUTUNG IN SCHWUNG.

1	2	3	4	5
6	7	8	9	10
11	12	13	14	15
16	17	18	19	20
21	22	23	24	25
26	27	28	29	30

30 TAGE

NEUES OUTFIT

Ziehen Sie sich in den nächsten 30 Tagen jeden Tag ein neues Outfit an.

1	2	3	4	5
6	7	8	9	10
11	12	13	14	15
16	17	18	19	20
21	22	23	24	25
26	27	28	29	30

30 TAGE

BAUCHMUSKELN

Trainieren Sie in den nächsten 30 Tagen Ihre Bauchmuskeln. Gute Übungen für die Bauchmuskeln sind Sit-Ups, Unterarmstütz, Seitlicher Unterarmstütz und Klappmesser.

1	2	3	4	5
6	7	8	9	10
11	12	13	14	15
16	17	18	19	20
21	22	23	24	25
26	27	28	29	30

30 TAGE

BETEN

Versuchen Sie in den nächsten 30 Tagen beten in Ihren Alltag zu integrieren.

1	2	3	4	5
6	7	8	9	10
11	12	13	14	15
16	17	18	19	20
21	22	23	24	25
26	27	28	29	30

30 TAGE
SONNENUNTERGANG

Beobachten Sie jeden Tag den Sonnenuntergang.
Tipp: Wechseln Sie den Standort jeden Tag.

1	2	3	4	5
6	7	8	9	10
11	12	13	14	15
16	17	18	19	20
21	22	23	24	25
26	27	28	29	30

30 TAGE

ETWAS BASTELN

Basteln Sie in den nächsten 30 etwas.

1	2	3	4	5
6	7	8	9	10
11	12	13	14	15
16	17	18	19	20
21	22	23	24	25
26	27	28	29	30

30 TAGE

ETWAS SELBSTLOSES TUN

Seien Sie in den nächsten 30 Tagen für andere da. Setzen Sie sich für andere Leute ein ohne eine Bezahlung zu erwarten.

1	2	3	4	5
6	7	8	9	10
11	12	13	14	15
16	17	18	19	20
21	22	23	24	25
26	27	28	29	30

30 TAGE

ARME TRAINIEREN

Trainieren Sie in den nächsten 30 Tagen Ihre Arme. Liegestütze und Dips helfen Ihnen dabei.

1	2	3	4	5
6	7	8	9	10
11	12	13	14	15
16	17	18	19	20
21	22	23	24	25
26	27	28	29	30

30 TAGE SOMMERFIGUR

Bringen Sie Ihren Körper in Form und optimieren Sie Ihre Ernährung in den nächsten 30 Tagen.

1	2	3	4	5
6	7	8	9	10
11	12	13	14	15
16	17	18	19	20
21	22	23	24	25
26	27	28	29	30

30 TAGE

DIE HEIMAT ERKUNDEN

Unternehmen Sie Spaziergänge, fahren Sie mit dem Fahrrad durch die Gegend & entdecken Sie neue Ecken.

1	2	3	4	5
6	7	8	9	10
11	12	13	14	15
16	17	18	19	20
21	22	23	24	25
26	27	28	29	30

30 TAGE

DOKUMENTATIONEN ANSCHAUEN

Schauen Sie sich täglich eine Dokumentation an.

1	2	3	4	5
6	7	8	9	10
11	12	13	14	15
16	17	18	19	20
21	22	23	24	25
26	27	28	29	30

30 TAGE

10000 SCHRITTE

Probieren Sie jeden Tag 10.000 Schritte zu erreichen.

1	2	3	4	5
6	7	8	9	10
11	12	13	14	15
16	17	18	19	20
21	22	23	24	25
26	27	28	29	30

30 TAGE

SOCIAL MEDIA PAUSE

Machen Sie in den nächsten 30 Tagen Social Media Pause.

1	2	3	4	5
6	7	8	9	10
11	12	13	14	15
16	17	18	19	20
21	22	23	24	25
26	27	28	29	30

30 TAGE

ETWAS MACHEN WOVOR MAN ANGST HAT

Springen Sie in den nächsten 30 Tagen über Ihren Schatten und tuen Sie etwas wovor Sie sich fürchten.

1	2	3	4	5
6	7	8	9	10
11	12	13	14	15
16	17	18	19	20
21	22	23	24	25
26	27	28	29	30

30 TAGE

BAUCH BEINE PO

Trainieren Sie in den nächsten 30 Tagen Bauch, Beine und Po. Gute Übungen dafür sind Kniebeugen, Sip-Ups, Hüft-Dreher, Bein-Beuger und Unterarmstütz.

1	2	3	4	5
6	7	8	9	10
11	12	13	14	15
16	17	18	19	20
21	22	23	24	25
26	27	28	29	30

30 TAGE

GEHIRNTRAINING

Trainieren Sie Ihren Geist in den nächsten 30 Tagen. Füllen Sie Kreuzworträtsel aus oder laden Sie sich eine App für Gehirnjogging herunter.

1	2	3	4	5
6	7	8	9	10
11	12	13	14	15
16	17	18	19	20
21	22	23	24	25
26	27	28	29	30

30 TAGE

NICHTRAUCHER

Rauchen Sie 30 Tage lang nicht.

1	2	3	4	5
6	7	8	9	10
11	12	13	14	15
16	17	18	19	20
21	22	23	24	25
26	27	28	29	30

30 TAGE

ZEIT FÜR FRÜHSTÜCK NEHMEN

Nehmen Sie sich in den nächsten 30 Tagen 15 Minuten mehr Zeit für das Frühstück.

1	2	3	4	5
6	7	8	9	10
11	12	13	14	15
16	17	18	19	20
21	22	23	24	25
26	27	28	29	30

30 TAGE

JEDEN TAG EIN APFEL

Essen Sie täglich einen Apfel in den nächsten 30 Tagen.

1	2	3	4	5
6	7	8	9	10
11	12	13	14	15
16	17	18	19	20
21	22	23	24	25
26	27	28	29	30

30 TAGE

NEUES HOBBY

Suchen Sie sich in den nächsten 30 Tagen ein neues Hobby.

1	2	3	4	5
6	7	8	9	10
11	12	13	14	15
16	17	18	19	20
21	22	23	24	25
26	27	28	29	30

30 TAGE
RÜCKENTRAINING

Trainieren Sie in den nächsten 30 Tagen Ihren Rücken.

1	2	3	4	5
6	7	8	9	10
11	12	13	14	15
16	17	18	19	20
21	22	23	24	25
26	27	28	29	30

30 TAGE

LEBEN ALS WÄREN ES DIE LETZTEN 30 TAGE

LEBE JEDEN TAG ALS WÄRE ES DEIN LETZTER.

1	2	3	4	5
6	7	8	9	10
11	12	13	14	15
16	17	18	19	20
21	22	23	24	25
26	27	28	29	30

1. Auflage

Druck: Amazon Media EU S.à r.l.Rue Plaetis - 2338 Luxemburg

Veröffentlicht von: Patrick Meyer
COVER: Depositphotos, Vexels, Pixabay, Canvas
Independently published
PATRICK MEYER, HÜBSCHSTRAßE 18, 95448 BAYREUTH
patrick-meyer-92@web.de

Printed in Poland
by Amazon Fulfillment
Poland Sp. z o.o., Wrocław

35854524R00060